Bestiario de las horas

Ellos desconocían la poesía, pero conocían a las bestias.

LEONCIO GONZÁLEZ

Aliarediciones

Corrección: Eladia Guerrero
Diseño de cubierta: Jaime Galisteo
© Fotografía del autor: Tomás Rodríguez
Maquetación: Aliar Ediciones

Depósito Legal: GR 1589-2024
ISBN: 978-84-10374-95-9

Impreso en España

Edita
ALIAR Ediciones
www.aliarediciones.es
info@aliarediciones.es

Bestiario de las horas

Ellos desconocían la poesía, pero conocían a las bestias.

LEONCIO GONZÁLEZ

Para Diego y Nicolás.

Este libro es para Sara. Siempre.

«Nunca se sabrá cómo hay que contar esto, si en primera persona o en segunda, usando la tercera del plural o inventando continuamente nuevas formas que no servirán de nada».

Las babas del diablo
Julio Cortázar

La lluvia ha mojado la comida de los pájaros. Está apelmazada y algunas pipas se cayeron sobre la hierba. Hay un mirlo en el suelo picando los restos de unas cáscaras, junto a las sobras del carbón del brasero del verano. Los hierros de la parrilla aún tienen restos de grasa.

El mirlo se ha cansado y salta entre las hierbas que rodean al gallinero.

Un gato dormita debajo del poyo del jardín. Del parral se derrama agua sobre las losas del patio.

A veces el abuelo salía y se sentaba ahí, bajo el volado del tejadito, miraba a lo lejos durante horas, quizás escuchando cómo caían las gotas.

Pensaba en sus cosas, con un vasito de vino sobre el brazo de la silla, que de vez en cuando tocaba con su índice y su pulgar, como recolocando el decorado de su escenario, antes de hacer un monólogo silencioso.

No puedo caminar porque el viento no me deja. Me caen lágrimas con una suerte pesada de sal y agua. Me las he secado varias veces con el antebrazo, con la manga. Pero no hay fin. No hay final para mis lágrimas, ni para el viento que no me deja caminar.

Hay aulagas pegadas al suelo y líquenes en las rocas. El polvo sobre las piedras y zahorras negras y arenas de jable. No puedo más que sentarme con los pies cruzados y las manos sobre los ojos, ardientes de lágrimas y de viento.

Busco en el bolsillo y hay un lápiz y dos trozos de papel roído y arrugado.

Hay un número de teléfono al que le faltan dos cifras. Y las nubes arremolinadas en torno al sol que cae en el precipicio del atardecer.

Voy a caminar un poco. No sé si podré.

Encontraste tu sombra detrás de los cipreses. Los árboles que no tenían sombra. Sentada, exhalando el humo y empujando, con la punta de la bota, las colillas que ibas tirando a medio fumar. Como un rito absurdo e iniciático, una desgana increíble que consistía en encender un cigarrillo tras otro, antes de que se consumiesen.

En una mano el mechero BIC gastado y suave, y su ruedita áspera y dura. En la otra, un cigarro frágil y cilíndrico, humeante. Y la sombra en la grava del suelo, partida entre las lápidas y los floreros y los trozos de tallos medio secos.

Alguna flor de más.

Quién tuviera un abuelo con sombrero, la sombra de un parral, los pájaros en la platanera, el sol de la tarde.

Quién tuviera un recuerdo saturado de Kodachrome, las uñas sucias de jugar en la tierra y la leche tibia para merendar.

Quién tuviera.

Hija, hoy, esta tarde, moriré. Hay nubes que están tapando la claridad. Todo se ha puesto gris y frío; el mar hace ruido, se cuela entre las hojas y por las puertas mal cerradas.

No quiero estar más tiempo aquí. Ya no hay nadie. Ya no quiero vivir.

En un rato me acostaré. Me quitaré el sombrero y los zapatos.

No estés triste.

Este mayo ha llovido y los árboles empiezan a florecer. Aún huele a lluvia, las retamas pronto estarán blancas y los tajinastes rojos. No los volveré a ver.

Cuelga de un clavo en el patio una radio vieja. Todas las mañanas la enciende y siempre se escucha la misma sintonía. El día corre presuroso y húmedo. La calima es una capa informe sobre otra capa de piel, sobre otra de uñas y de pelo. El patio se colma de una jaculatoria ininteligible y lejana.

El pájaro en la jaula parece escuchar al locutor sus mantras del noticiario. Y los pitos de las horas. Los ruidos estremecen, quizá las voces de la radio sean el remedio inmaterial de la soledad insospechada del patio y de la casa.

A las once, la radionovela trae al fresco de las helechas los desamores y los cantos de gallos de otros gallineros. Y a las doce el ángelus. Luego abuela gira la ruedita y va matando todo ese mundo ficticio y mentiroso.

A esa hora las papas ya deben estar guisadas.

La casa sucumbe a la oscuridad del salitre de las olas. La brisa golpea sobre las puertas viejas y verdes, y mueve las cortinas en un suave suspiro que desgasta la noche. Hasta que el gallo arranca del suelo, con las piquetas afiladas, los primeros minutos de luz azul.

Los mirlos se ríen antes de que el sol tiña todo de amarillo; los caminos de polvo y las piedras secas son el miradero de los tizones a los que les palpita el costado.

Después el reloj, y las horas.

En la silla de madera permanezco viendo emerger las burbujitas del café recalentado en un cazo de aluminio.

La cocina se va cerrando sobre mi cabeza desde las alacenas más altas, amenazando con estas puertas de color verde, marcadas de hollín, y sus tiradores plateados. Hay loza en el fregadero. Rotos los filos de algunos platos y tenedores de aluminio que llevan días en esa especie de charco inmundo.

Este café lo hice ayer. Lleva casi dos días ahí y ha dejado un cerco negro y profundo sobre la encimera.

Mendrugos de pan en la mesa. Las hormigas parecen furiosas, presas de ataques de furor o vehemencia, como leí en aquel cuento fantástico. Nunca has comido en esta mesa, ni yo. Siempre lo hacíamos en el patio, a la sombra de las helechas y las palmeras viejas, con la espalda contra la pared en el banco de madera. Aquellos banquetes al sol de la tarde incipiente y rosada de junio. Con las papas sobre el mantel y el pescado humeante y salado en una esquina. Al lado del vino.

Recuerdo ese vino mientras saboreo los últimos restos del café amargo y viejo, sentado en la cocina y con la mirada puesta en las baldosas del patio. El verde de la destiladera despegándose de la madera y la tarde cayendo.

Creo que en el falsete de los pájaros hay un gato muerto.

Mañana lo sacaré.

Estáticas, las moscas de la noche permanecen mirando de lejos la luz que escupe la bombilla mugrienta de cagadas y de grasa. Ahí están, batiendo las alas y mesándoselas con sus patas horribles y negras.

El perenquén se acerca despacio, desmotivado y absorto en el vómito amarillento que se derrama por la pared.

Se oye el murmullo de los rezos del rosario, y hasta los cantos de las monjas en el coro de la iglesia. Hay otra mosca que se posa sobre los bordes de los muebles. Vuela y no. Se congela unos segundos en una eternidad profunda de tarde húmeda.

Son las moscas de los salones del estiércol y de los almacenes de la fruta de la costa, y de las vacas y de los cojones de los caballos. Las mismas.

Ellas lo saben, o sus hijas, o sus nietas. Las noches son iguales también, una y otra. Noche y noche.

He encontrado en algunos lugares animales que, a fuerza de sobrevivir, se han adaptado a la presencia cercana del ser humano. Han olvidado su condición de seres salvajes. Cuervos que se lamentan, gatos tristes y cabizbajos, ardillas insolentes y agresivas.

Hoy, esta gaviota se mostró aturdida por mareas de turistas que llevará viendo, quizás, desde que tiene existencia.

En su mirada cierta pasividad y suficiencia. Una actitud resignada de mujer antigua. Llueve una lluvia fina de gotas minúsculas. Los turistas no se van, espantados y atraídos por el frío y la humedad.

La gaviota sigue ahí, luego vuela.

Hacía frío, y viento. Muchas personas se hacían fotos de sí mismas, con la vista puesta en sus pequeños aparatos. Las gaviotas volaban sobre ellas y, como riéndose con un estertor gutural y marino, dejaban caer sus cagadas a toda velocidad.

Pasó un tren turístico. Creo que lejos. Otras voces, otros ámbitos. Con su campana y sus gritos de alegría recortada.

Miré arriba, me pareció ver pasar un aeroplano.

Sube a la azotea y espera a que pase el barco de la virgen por el horizonte. Cargado de flores y de gritos. El ruido de los motores te avisará de que están llegando. Mientras, no pares de mirar al frente. Puede que la maresía te oculte la comitiva. Está el mar de fondo, el aire se llena de una sal espesa y profunda. Y la calima.

Pero atenta. En cualquier momento pasará. Es la señal de la revelación que te traerá los bienes prometidos: la cosecha de este verano, un marido, los hijos, una casa, te quitará el dolor de la garganta y del estómago. Tienes que estar pendiente. Si se te escapa puede ser fatídico.

En el muro hay dos palomas que arrullan desde hace un rato. El sol está arriba, la calma pesada como la loza de una lápida. Por el mar ni un rastro de barcos ni de naufragios. No sabes si pasará. No lo sabes.

Cierras los ojos aturdida por el calor y la humedad. Solo un segundo; y cuando los abres, cuando consigues desprenderte del sueño y el hastío, cuando las palomas han levantado el vuelo, cuando las hojas del aguacatero han comenzado a moverse de nuevo, cuando entornas los párpados cegada por la claridad del mediodía, te das cuenta de que, a lo lejos, ya ha pasado la comitiva.

No dejes a la luna iluminarlo todo. No la dejes. Corre por los soportales y huye. No es bueno quedarse aquí. Aunque la maresía llegue como un saludo de esperanza. La luna saldrá en un rato y no debes estar en esta plaza, ni en esta calle, ni en esta ciudad.

Hay que huir. Huir siempre y siempre por los adoquines y por las aceras, por los barrios y las casas y las calles. Huir antes de que la luz blanquecina lo inunde todo y no tengas más respuestas: te quedes aplastada, encandilada, sorprendida.

Con los brazos cruzados sobre la cara y la cara cruzada sobre las ganas y sobre todo. Mañana será lunes. Primer lunes de octubre. Y de lejos se escuchan las canciones y los acordes de las guitarras. No quisiera que todo esto se hiciera realidad; he visto a un hombre sentado esperando la luna bajo los árboles. Él sabrá.

No había sombras aún, ni reflejos en el horizonte de velas trimadas. Ni salpicaduras ni brisas agotadas del salitre áspero y frío por el amanecer.

Nada había, más que la luz cayendo despacio sobre el mar. Plano y ficticio como un rezo olvidado en septiembre. Hasta que salió el sol sobre la sal y sobre las horas.

Ni una sola vela se arrugó de alegría. Ni una sola.

Sal de aquí.

Por el camino de la costa, deja atrás las piedras, el polvo y la sal. Huye hacia dentro o fuera o lejos. No quieras mirar más todo eso.

Sal, el mar te señalará por dónde. El mar ciego y azul, gris, negro oscuro. Te propuse abandonar esas heridas abiertas, llenas de olvido.

Las rocas pulidas y un sol cegador tras las brumas densas. Las nubes amenazan, un charrán engulle un pez con una especie de estertor fatal sobre un callao liso en la orilla. Hasta la siguiente ola.

Ojalá la playa.

Maldita esa hora de salitre, inacabada e infértil. Ojalá la orilla abrupta, llena de cantos, de tarajales y de estrellas pulidas por el viento terco. Matos verdosos con olor a orín agrio y seco.

Ojalá las mentiras calmen la sed de las nostalgias, tristezas, rabias, lloros y las risas falsas de todos esos hombres.

Ojalá de la playa la chica regresara mojada y fría; una pardela volase por encima de su cabeza, como un celaje. Y con su canto se cerrase el libro o aquella canción triste.

Ojalá las maguas.

Temo por tu soledad, por los aparcamientos desiertos y las luces fluorescentes titilando sin rigor al viento que castiga las palmeras olvidadas.

Temo una y otra vez desde las sombras oscurecidas por la brisa, con las manos vacías y húmedas de nostalgia.

Temo a ratos y suspiro sin ganas: la noche llena de luna y de bichos menguantes, pegados al suelo, al techo amarillo y a los tubos fundidos de gases muertos.

Temo la soledad espantosa de los mensajes no enviados.

Borraste una mancha amarilla y diminuta sobre el paño de tu traje de novia, con la uña molida, y la piel restregada.

Sin querer, sin dudar, mirando por la ventana.

Mientras, imaginabas las cortinas plegadas a la calle, el polvo a las luces de la tarde, las sillas contra las mesas del bar, de la sala, de las baldosas llenas de mentiras y de pasos de bailes antiguos.

Has querido borrarla de la tela, de la foto, de aquel día.

Has querido. Pero había muchas más.

Abuela volvió a lavar toda la mantelería. En la atarjea, con el agua que corría fresca y rebelde. La vi frotando con la pastilla de jabón. Los alambres cerca del guayabero fueron de nuevo el decorado blanco de esa mañana amarilla. Los manteles extendidos y ondeando en la brisa, sorprendidos.

Lo ha hecho tres veces esta semana. Como un ritual sagrado que comienza cuando los comensales se van: recoger los cubiertos, los platos y los manteles. Y lavarlos.

Pero no ha habido invitados aquí. Nadie ha usado esos lienzos desde hace mucho. Huele a jabón.

Los dobló aún con el calor del sol en los pliegues y las costuras. Y ahí están en el armario de cedro.

Ahora en el tendedero hay dos pájaros. Uno en el palo, el otro en la cuerda. Parece que hablan de ella.

Ellos mienten, miente el cielo y miente el sol. Las nubes y el mar. Se desgranan mentiras piadosas para los hombres. Mienten también las mujeres y los niños. Mentiras de los pájaros heridos por la luz y los bichos insomnes colgados en las antenas de las televisiones que ya nadie ve.

Los días son ratos eternos llenos de hastío y humedad perenne y perpetua. Aburrimiento y desdén de las horas regaladas y mezquinas.

Las mentiras están acumuladas en montoncitos, como recibos de un viejo contable, ordenadas y desordenadas en una mesa infinita llena de máquinas de escribir sin teclas ya, ni cintas.

Engaña la tarde. La noche oculta y oscura del alma está llena de falsos versos de santo y de erratas de bolígrafos que no escriben bien.

Fuera todo es lo que no queríamos que fuera.

La luz entró despacio por las contraventanas de atrás. El gallo empezó a cantar, no eran ni las tres. Como un demente atemorizado que saca toda la fuerza de su garganta. Maldito loco. Animal desesperado y violento, escupiendo ardores o lloros. No sé el qué.

La luz plomiza de este diciembre senil y tardío.

La leche se derramó en la cocinilla y hay un cerco ocre en torno al quemador. Sobre el hule de la mesa, migas del pan de ayer y algunos golondrones del gofio aún tibio.

Abuelo ha dejado la tele encendida y los niños de San Ildefonso gritan como el gallo, con los cuellos amordazados por unas corbatitas ridículas. Inmersos en el repiqueteo de las bolas.

No sé qué hora es, pero hay nubes negras y huele a una humedad antigua. Abuela hace tiempo que ya no está en el patio. Su silla sí.

Se fue sin decir adiós.

Es demasiado tarde para maldecirte. Procuraré no hacerlo, porque he perdido ese tiempo. O quizás no, pero ya no servirá de nada.

Te indiqué el camino y no sé si seguiste ese mapa, o elegiste otro atajo. Por la costa o por la ciudad. No sé dónde puedes estar.

A veces, en las tardes, me siento en la puerta de la casa. No espero nada. Ni a nadie. O eso creo. Y me gusta recordar las horas y los días.

En este escalón siempre huele a romero. Incluso hoy.

Pasé horas y horas escribiendo cartas. Sin destino. Ahora me doy cuenta de que tampoco tenían sobre, ni remite alguno. Tenía un montón de papeles en blanco, y al lado, otro casi igual de cartas recién escritas.

Algunas tienen firma. La mayoría no. Muchas ni siquiera están acabadas y se cortan en una frase que no dice nada.

Tantas horas ocupadas en ese trabajo. Los bolígrafos en un bote de café con una etiqueta verde. Y en la ventana un cactus.

Querido amigo... Hace tanto que no te escribo que no se me ocurre otra manera de empezar a hacerlo más que con un gesto de cariño.

No salía a poner esas cartas en ningún buzón. Todo en ellas era mentira.

¿Qué tormentas hay detrás de tu voz? ¿Qué islas deshabitadas, llenas de maleza y animales extraños purgando enfermedades desconocidas?

Esta calma del aire africano, amarilla y ardiente, no es más que el preludio de una llamada y la amenaza de tu voz, de la lluvia que la oculta y del viento de marzo. Cuántas tardes como esta, esperando el rodar de las piedras empujadas por el temporal.

Caer al fondo del barranco. Caer.

Llevábamos ya cinco minutos de silencio. Amargos y extraños nos mirábamos. Como lo hacía aquella mujer en el museo lleno de gente, esperando una muestra de emoción.

Pero a nosotros no nos emergía, atenazadas las almas en una especie de enfado sin ruido y sin gestos.

Cinco largos minutos, cinco minutos de nada. En silencio. Una vida entera, un libro de versos interminable, el encadenamiento insoslayable de inspiraciones y exhalaciones. Y nada. Ni una lágrima, ni una sonrisa. Nada más que mirarnos y no vernos.

Un golpe de tos, o varios. Un estornudo acaso. Y silencio. Más silencio avergonzado.

Una lámpara intermitente se encendió sobre tu cabeza. Como el faro de El Porís. Entrecortada y lejana. Me recordaba que estabas ahí y veía tu sombra proyectada sobre la mesa, impresa en la madera con la indecisión de la luz. Una y otra vez.

Sonó un teléfono y alguien contestó en la lejanía. Una conversación airada, y tu cabeza vuelta sobre el libro a medio leer, y sobre el sueño a medio dormir.

La bombilla estaba a punto de fundirse, y sorprendía a los mosquitos en el parpadeo eléctrico, atraídos por tu aliento y ávidos de tu sangre dulce.

Apagaste, en mi retina se quedó plasmado el negativo de tu silueta en aquella posición de lectora. Ya no sé más.

Camino de otras constelaciones encontré las huellas que me habías dejado impresas en el suelo del jardín. El gallo había marcado tres estrellas: Betelgeuse, Alioth y Kaus Australis.

Camino de señalar Orión, la Osa Mayor y Sagitario, desistí de todo y tiré los papeles sobre el zarzal. Empezaba a oscurecer, los grillos a cantar, taladrando vidrio con sus alas. Vi las marcas de los pies y me pregunté cuántos años hacía que estaban impresas y cómo no se habían borrado aún.

Se hizo la noche, miré al cielo, con la intención de identificar algún objeto celeste. Estaba nublado. Entré. Cerré la puerta, empezaba a hacer frío.

Este bestiario está compuesto por figuras grotescas dibujadas en un carboncillo gris y sucio. Monstruos rebeldes de tamaño descomunal y fauces espantosas.

Miras al cielo una y otra vez; hasta en las constelaciones eres capaz de ver el temor de su presencia.

Las gallinas se asustan cuando sales a mirar la negrura de la luna nueva. No sé si les incomoda la lucecita de la linterna o el pabilo incandescente de la colilla del cigarro pegado a tus dedos amarillos.

Garabateas en esa libreta manoseada y sucia. Las gallinas no saben si ha amanecido y saltan del palo a picar en el suelo unos segundos. Ellas no miran hacia arriba. Y apuntas de nuevo: los Perros de Caza, la Cabellera de Berenice, Alnitak, Alnilam, Mintaka. Te entretienes en el cinturón de Orion.

Las nubes tapan de nuevo el espacio. Las gallinas deciden ignorarte. No era esto lo que querías dibujar. El cigarrillo se apagó.

La luna llena desbocó un caballo negro valle arriba. A las doce, el cielo cubierto de mil ladrillos blancos entró en el callejón que está detrás de la casa. Llegó al galope, la espuma en la comisura de la boca. Piafando con rabia y temor y haciendo soltar chispas al roce de los cascos con los adoquines.

La noche salpicaba la plata lunar por todos los árboles y los plantones, el camino refulgía como una placa de acero inoxidable, y el animal, gigantesco y hercúleo, golpeaba ese acero violentamente, una y otra vez, contra el suelo y coceando las paredes de piedra seca.

Bajo mi ventana paró. Sentí el calor de su aliento justo debajo de mi alfeizar por unos segundos. Quise mirar pero el miedo me robó el gesto.

En la noche interminable de luna, lo oí alejarse. Iba más tranquilo.

Hay alguien en la casa. Me temo que una desconocida. Hace rato que está ahí, pero no me he dado cuenta hasta ahora. Es agosto, pero hay humedad y hasta frío. No espero nada de estos días, más que paz. Y no la hallo.

Las tórtolas se suben al drago y desgajan las hojas viejas que caen sobre la hierba. Alguien ha usurpado mi espacio ahí dentro, coge mis cosas y bebe mi vino, y fuma mi tabaco. Y hasta comerá de mi pan, a pellizcones, dejando todo lleno de migas, que alentarán a las hormigas en su frenesí impetuoso.

A veces esta luz blanquecina me aplasta bajo los árboles y el parral. No puedo dejar de pensar; hay alguien ahí dentro, y no eres tú.

No sé si lloverá, seguro que no. Me gustaría que lloviera dos o tres días seguidos. Sentir de nuevo el olor a la humedad de la serenada en el amanecer.

Ha venido la alpispa, golpea con la cola el suelo una y otra vez. La tórtola termina por asustarla, se va.

Tengo las gafas sucias de tanto caminar por las escaleras hacia arriba y hacia abajo. De grasa y de polvo. Sucias por fuera y por dentro y las patas sucias también. Tengo las gafas viejas y sucias, que casi no puedo ver con facilidad.

Tengo una mancha en la camisa y otra en los pantalones, una mancha antigua con un cerco amarillento. Y una camisa que empieza a oler mal de caminos recorridos y excrementos de pájaros sin nombre.

Tengo el pelo enmarañado y la barba áspera y enredada. Tengo la mirada oscurecida y las manos arrugadas de pasármelas una y otra vez por la cara y por el pelo. No puedo dejar de pensar en todo esto, y no puedo más que correr y cruzar las calles, arriesgándome a morir bajo el peso de un camión o de una guagua. No quiero que me ayuden más.

Se ha vuelto a hacer tarde.

Ahora que te has ido, retumban tus últimas palabras en mi cabeza. Ahora que ya no estás, solo recuerdo la voz empacada en el tubo gris del teléfono, las monedas cayendo en la caja metálica del aparato.

En qué ciudad, en qué calle, cerraste la puerta de los cristales y doblaste el periódico donde tenías mi número apuntado.

Me voy.

El café medio frío sobre la mesa del teléfono, al lado de las llaves y de la correa del perro.

¿Cuándo?

Allá se oía la lluvia golpear sobre el techo de la cabina.

No me dio tiempo a sentarme. No estaba el taburete junto a la mesita.

Los turistas se asomaban por el patio. Hacía bueno, hacía buen tiempo, aunque era diciembre.

Hace días que no hablo con nadie.

Mis temores se han confirmado y aquí estoy. La casa abierta. Hace días que no pasan turistas, extraños seres ávidos de sonreír y preguntar cosas sin sentido.

Los perros no han parado de aullar desde que ha caído la tarde. No sé a qué ni a quién le ladran. Qué miedos antiguos guardan tras los movimientos de las hojas, de las sombras de los aguacateros, de los rolos de los plantones.

Los mosquitos se arremolinan contra la bombilla del patio. Las helechas dibujan unas raras formas en el techo, cerca de donde espera, en un silencio espectral, el perenquén.

Me acosté en el banco de madera y miré hacia arriba. Me retumbaba la cabeza en mil ideas en español y en inglés. Frases que ni yo soy capaz de entender. Textos interminables llenos de palabras desconocidas.

Los perros ladran, de nuevo. Ahora más cerca.

Apagaré la luz.

Nota final

Bestiario de las horas es un recuento de escenas singulares, protagonizadas por personas y animales inmersos en una búsqueda vital, desesperada, ansiosa y agotadora.

Las pistas de esos caminos fueron escritas por otras personas, en otros momentos, y leídas o escuchadas por estas bestias actuales. Seres grotescos camuflados en personajes comunes, en situaciones ordinarias.

En esos mapas temporales, trazables y reconocibles, han sido fundamentales las indicaciones de Mijaíl Bulgákov, Fedor Dostoievski, Vicente Huidobro, Raymond Carver, Domingo López Torres, cómo no, y por supuesto Julio Cortázar y Antonio Lobo Antunes.

Y de Anóniman, otro personaje, máscara, trampantojo, bestia oculta, que, antes de que cualquier escena de este bestiario fuese escrita, él ya la había pensado mirando pasar los coches por la autopista del norte.

Índice

La lluvia ha mojado la comida de los pájaros 13
No puedo caminar 14
Encontraste tu sombra 15
Quién tuviera un abuelo con sombrero 16
Hija, hoy, esta tarde, moriré 17
Cuelga de un clavo en el patio 18
La casa sucumbe a la oscuridad 19
En la silla de madera permanezco 20
Recuerdo ese vino 21
Estáticas, las moscas de la noche 22
He encontrado en algunos lugares 23
Hacía frío, y viento 24
Sube a la azotea y espera 25
No dejes a la luna iluminarlo todo 26
Nada había, más que la luz 27
Sal de aquí. 28
Ojalá la playa 29
Temo por tu soledad 30
Borraste una mancha amarilla 31
Abuela volvió a lavar toda la mantelería 32
Ellos mienten 33
La luz entró despacio 34
Es demasiado tarde para maldecirte 35
Pasé horas y horas escribiendo cartas 36
¿Qué tormentas hay detrás de tu voz? 37

Llevábamos ya cinco minutos de silencio 38
Una lámpara intermitente.. 39
Camino de otras constelaciones 40
Este bestiario 41
La luna llena desbocó un caballo negro................................ 42
Hay alguien en la casa 43
Tengo las gafas sucias 44
Ahora que te has ido.. 45
Hace días que no hablo con nadie 46

Nota final 47

Este libro se terminó de editar en Granada
en noviembre de 2024 por

Aliarediciones

www.aliarediciones.es
info@aliarediciones.es